Lucio Cattaneo

Nuvole permettendo

Poesie dell'amore bifronte

Ai sognatori e ai giocolieri di parole

Prima

Nuvole permettendo,
vorrei guardare il cielo con te stasera
per scoprire se è ancora il nostro cielo.
Quel cielo, ricordi?
che guardavamo insieme in montagna
quando il tempo cambiava all'improvviso
e minacciava di arrivare il temporale
e che ci sembrava così terribilmente bello,
o quello che scrutavamo sdraiati sul prato
la notte di San Lorenzo
facendo a gara a chi vedeva la prima stella cadente.
Adesso il cielo lo guardo raramente
se non per capire, quando minaccia pioggia,
se sia il caso o no di uscire con l'ombrello.
Ma stasera mi va di farlo.
Ora prendo il telefono, ti chiamo e ti dico:
ti va se guardiamo insieme il cielo stasera
come si faceva ai vecchi tempi?
E pazienza se mi manderai a quel paese.

Seconda

...poi ci sorprese un'alba
livida come i nostri sentimenti
e la prima luce del giorno
ci fiaccò la volontà
lasciandoci esausti e smarriti
per quanto rancore può riempire
il breve spazio di una notte.
Prima che ci vincesse il sonno
ci fu solo il tempo di chiederci
se ne fosse valsa la pena.

Terza

L'amore non conosce stagioni
ignora il buon senso e il quieto vivere
non si cura delle convenienze
non considera la reputazione e le buone maniere.
L'amore è prepotente e anarchico
non riconosce né autorità né gerarchia.
L'amore è rivoluzionario
non è fatto per i deboli di spirito.
L'amore è temerario
e non si sottrae ad alcuna sfida.
L'amore è puro
pur nella sua dissolutezza.
L'amore è forte e invincibile
e nessuno l'ha mai sconfitto.
Ah, potessimo noi esserne degni!

Quarta

Mi espongo al vento
che sibila
che spettina
che bagna
che asciuga
che smette
e poi ricomincia
che irrita
che accarezza
che schiaccia
che solleva
che consola.
Che porta odori
che porta ricordi
che porta voci
che porta parole.
Non le tue.
Non le tue.

Quinta

Aspettami
perché sono rimasto indietro
e faccio fatica a tenere il passo.
Aspettami
perché non ho la tua forza
e neanche la tua fortuna.
Aspettami
perché la mia strada è in salita
e non prevede soste per riprendere fiato.
Aspettami
anche se ti costa
vedrai, non sarà tempo sprecato.

Sesta

Ho camminato in punta di piedi
nella tua fiaba di un giorno
dove tutto era dipinto di rosa
e desiderio e realtà
si scambiavano di posto.
Devo essere inciampato
a un certo punto
perché tu sei svanita
e di rosa non è rimasto più nulla.
Non sempre le fiabe
hanno un lieto fine.

Settima

Aspettavo qualcuno o qualcosa
che riempisse il vuoto pneumatico
di una domenica pomeriggio qualunque
in questo inizio di primavera
che sembra già quasi estate
ma oggi no, oggi è più freddo
e restavo così sospeso
di respiro e di pensiero
non mettendo a fuoco alcunché.
E' stata la tua telefonata
a ricollocarmi nel presente
insieme alla promessa rassicurante:
ci vediamo più tardi, se vuoi.
E il tempo ha ripreso a scorrere.

Ottava

...e ora che sei qui
in carne ed ossa
più reale del reale
e colmi il vuoto
della tua assenza
e riempi la mia vita
con la tua onnipresenza
e mi liberi dalla sofferenza
di pensarti chissà dove
e chissà con chi,
mi chiedo perché
ti desiderassi tanto
e ora non più…

Nona

In confronto a te
io sono un apprendista stregone,
un neofita dell'amore
senza alcuna cognizione di causa.
A differenza di te
non possiedo neppure i fondamentali
o forse li ho dimenticati
e dovrai insegnarmi tutto da capo.
E sì che oso parlarti
senza provare vergogna
di un sentimento che ancora non so nominare.

Decima

Stringerti fino a farmi male
fino a togliermi il respiro
per prendere finalmente coscienza
della tua inconsistenza
e convincermi così che non esisti
se non nella mia fantasia malata
che non sei né strega né fata
ma solo un espediente
per vincere, con poco, la solitudine.

Undicesima

Esisto
perché mi hai soffiato
l'alito della vita
senza chiedermi nulla in cambio.
Non so
perché l'hai fatto,
non ero niente di speciale.
Ora sì.

Dodicesima

Lasci ogni volta
tracce su di me del tuo passaggio
come ferite lente a rimarginarsi
come solchi di aratro in un campo
e ogni volta mi chiedo
se riuscirò a sopravvivere
fino al prossimo assalto.

Tredicesima

Come dirti
ciò che a parole non so dire?
Che nel profondo del cuore
trovo te
che in ogni cosa che faccio
tu ci sei
che nelle persone che incontro
c'è qualcosa di te
che in ogni mio pensiero
si affaccia il tuo viso
che anche se sono solo
tu cammini al mio fianco
mi prendi per mano,
mi avvolgi nel tuo abbraccio.
Dolcemente mi hai pervaso.
Inesorabilmente mi possiedi.
Non avrò altro amore
all'infuori di te.

Quattordicesima

E sia.
Non prego, non supplico, non imploro.
Non più.
Ho gettato alle ortiche
le mie armi spuntate
e con esse le mie ultime speranze.
La tua torre d'avorio
è rimasta inviolata
siine fiera.
Nulla ha potuto
tutto il mio amore
contro il tuo quasi amore.

Quindicesima

Amo di te
poche semplici cose
ma così intensamente
che tutto il resto non conta.

Sedicesima

Dimmi chi sono
chi meglio di te può farlo?
Da dove vengo
dove vado
cosa cerco?
Restituiscimi l'identità
che mi hai rubato
il giorno che mi sono specchiato in te.

Diciassettesima

Non sarà per caso
che ci siamo incontrati.
Le nostre strade
fin dalla notte dei tempi
convergevano.
Ma non è per sempre.
Niente è per sempre.
Accompagnami finché dura
il tempo fecondo del viaggio.
Accordiamo il nostro passo
così da procedere fianco a fianco.
Voglio essere guida
ed essere guidato.
Voglio servirti nel cammino
ed essere servito.
Con intenzione ferma
con cuore umile e puro
voglio scoprire con te
la mia ombra nascosta.
Voglio svelarti
in tutta la tua incomparabile bellezza.

Diciottesima

…ci accompagnava l'autunno
passo passo
testimone muto
indifferente alle nostre dispute
e forse pensava di noi
che eravamo dei pazzi
a dissipare così
i soprassalti del cuore
senza lasciare nulla da parte
per il gelido inverno.

Diciannovesima

Vorrei essere il mattino
che bagna di rugiada la sua rosa
quando schiude i petali
al primo richiamo del sole.

Ventesima

Odio l'amore
che non posso non darti
perché lo sottraggo a me
e dio solo sa
quanto ne avrei bisogno
per sopravvivermi un altro giorno.

Ventunesima

Ti consegno le chiavi del mio cuore
entra quando vuoi
non hai bisogno di chiedere il permesso
resta il tempo che vuoi
mai nessuno ti manderà via
mettiti a tuo agio
sei un ospite speciale e voglio trattarti bene
fai come se fossi a casa tua
non desidero che di essere abitato da te.

Ventiduesima

Mi pento amaramente
di averti mostrato la mia anima nuda.
Non la meritavi
né nuda né vestita.
Ho pensato di potermi fidare
ho immaginato che tu avresti fatto lo stesso.
Ma tu a me
hai mostrato solo un'ombra
e un paravento
dietro al quale si muovevano sagome indistinte.

Ventitreesima

Solo tu compi il miracolo
che ogni giorno si rinnova
più mi perdo in te
più mi ritrovo.

Ventiquattresima

Parole sospese
in un nulla vacuo.
Frasi appena sussurrate
di cui non si coglie il senso.
E tu che irrompi
a rimettere ordine
a ridare alle cose senso compiuto
come un tornado purificatore
come un angelo vendicatore
come il messaggero
di un dio lontano e stanco
che talvolta si ricorda di noi.
A intermittenza.

Venticinquesima

Inventami.
Come creta come sabbia
dammi forma.
Esistimi.
Soffia dentro di me
l'alito caldo della vita.
Abitami.
Non lasciare che nessuna stanza
resti vuota di te.
Amami
come tua creatura.

Ventiseiesima

Ti ho fatta io.
Ti ho creata
con le mie mani.
Ti ho modellata
come un vaso di creta
curando di te
ogni più piccolo particolare.
L'increspatura più sottile
delle tue labbra,
la più lieve inflessione
della tua voce,
il lampo più sfuggente
del tuo sguardo
si devono a me.
Giorno dopo giorno
sotto le mie dita esperte
tu hai preso forma
e ha preso forma con te
la mia giusta soddisfazione.
Mi sono compiaciuto in te,
eri lo scopo della mia vita

lo ragione del mio esistere
era iscritta in te.
Ma è cresciuta di pari passo
anche la mia supponenza
e il mio orgoglio si è fatto
smisurato e sprezzante.
Quando l'opera si è compiuta
e aspettavo da te riconoscenza,
tu mi hai azzannato la mano
che adesso sanguina
ma non quanto il cuore.
Non voglio più provare
ad essere dio.

Ventisettesima

Accogli amorevole
il farsi del mondo
nel suo primitivo splendore
e ogni volta
è come la prima volta.
Terra e cielo
ti appartengono
avvolti nel tuo abbraccio di vita.
Mai io potrò tanto.

Ventottesima

Il tuo silenzio è un silenzio ostile,
lo capisco da come batti i piedi camminando,
come se volessi lasciare nel terreno
l'impronta del tuo malumore.
Mi riporta alla memoria, chissà perché,
un giorno d'estate di qualche anno fa.
Camminavamo sulla spiaggia,
(ci eravamo conosciuti da poco)
e tu improvvisamente mi hai detto:
entra nella mia impronta
ed è stato come se mi dicessi:
entra dentro di me.
Ora il tuo piede non lascia impronta
su questo pietra dura e ostile come te
che risuona del rumore secco
dei tuoi tacchi a spillo,
colpi secchi come spari,
come proiettili che si conficcano
uno ad uno nel bersaglio del cuore.

Ventinovesima

Mi vestirò di te
e non sarò mai stato
così elegante.
Voglio portarti
come si porta
l'abito della festa
con rispetto
con attenzione.
Voglio farmi ammirare
in tutto il tuo splendore.

Trentesima

Eri tu che dicevi
dall'alto della tua incomparabile saggezza:
bada che la perfezione non esiste.
E io che rispondevo:
e tu allora? E noi? E il nostro amore?
Non è forse quanto di più perfetto
possa esistere in natura?
E' bastato poco,
un soffio di vento in faccia
più freddo del solito,
un cambio di prospettiva,
un istante di disamore,
un'ombra sul cuore,
la distrazione di un momento,
una sbornia smaltita male.
Ho scoperto imperfezioni
a milioni, ad ogni passo
nel mondo, in me, in te
e ogni volta ne ho sofferto
come se fosse la prima volta.

Trentunesima

Vorrei essere flessibile come il giunco
che si piega sotto la sferza della tempesta
ma non si spezza.
Vorrei avere la pazienza della formica
che ricomincia sempre da capo
a costruire la sua casa.
Vorrei essere pervasivo come il vento
che si insinua ovunque e non lascia scampo.
E la furbizia della volpe vorrei possedere
e l'allegria del passero
e la lentezza della tartaruga
che non è mai in ritardo
e l'imprevedibilità del fulmine
e la flessuosità dell'acqua.
Vorrei essere ben piantato sulla terra
come una quercia secolare
e spandere la mia ombra tutto intorno,
vorrei essere lo scoiattolo
che salta tra i suoi rami senza mai cadere.
Vorrei essere tutto quello che non sono
perché tu possa essere fiera di me.

Trentaduesima

Vorrei dirti solo cose belle
e parlarti per giorni interi
di quanto sei importante per me,
di come mi batte il cuore
quando ti scorgo da lontano
e ti riconosco tra mille volti diversi,
di come mi tremano le gambe
mentre mi stai venendo incontro
e so che vieni proprio da me,
di come mi gira la testa
quando mi avvolgi nel tuo abbraccio
e quasi non mi fai respirare.
Di come devo essere ridicolo a volte
perché, quando ti penso,
parlo e rido da solo,
di come darei l'anima
pur di vederti felice.
Ma la vita è un'avventura difficile
e il tempo un tiranno spietato
che mette a dura prova i sentimenti.
Se domani tu sparissi dalla mia vita
so già che ti te conserverei
un sempre più fievole ricordo.

Trentatreesima

Lascia che ti ami in silenzio
perché non esiste parola che possa dire
questo indicibile amore.
Lascia che ti ami in silenzio,
senza che tu dica o faccia nulla,
fa tutto il mio amore.
Il mio amore ti spoglia e ti riveste,
ti accarezza e ti fa il solletico,
ti lava e ti spazzola i capelli,
ti culla, ti canta la ninna nanna, veglia sul tuo sonno…
Amare ed essere amati
(ricordi i nostri discorsi notturni?)
sono le cose che più vogliamo dalla vita
ma delle due quella che più conta è amare.

Trentaquattresima

Ti amo.
Ti ama la mia pochezza.
La mia inadeguatezza
è innamorata di te.
Della mia superficialità
sei in cima ai pensieri.
La mia meschinità
ti ha eletta a sua regina.
Anche la mia ignoranza
non parla che di te.
Ti ama la mia invidia.
Ti ama la mia accidia.
Ti ama il mio malumore,
anche quello dei giorni peggiori.
Ti ama la mia indifferenza
alla quale non sei affatto indifferente
e ti ama la mia insensibilità
nonostante ciò sia molto strano.
Ti ama la mia codardia
e lo grida a tutti con coraggio.
Ti amano i miei pregiudizi.
Ti amano le mie false credenze.
I miei idoli sono gelosissimi di te
e non vedono l'ora di farti fuori.

Ma non temere, sei al sicuro:
le mie cattive qualità
si batteranno per te fino alla morte.

Trentacinquesima

Ancora di più
perché sei gentile con me
più di chiunque altro.
Ancora di più
perché mi accogli nella tua casa
come l'ospite più atteso.
Ancora di più
perché quando mi specchio nei tuoi occhi chiari
io vedo una bella persona.
Ancora di più
perché giochi col mio io bambino
senza mai stancarti.
Ancora di più
perché ti alzi sulla punta dei piedi
per riuscire a darmi un bacio.
Ancora di più
perché trovi divertenti
anche le mie sciocche battute.
Ancora di più
perché sai accogliere con un sorriso
le persone che io amo.
Ancora di più
perché quando sono stanco,

stressato, deluso, indeciso,
offeso, preoccupato, nell'angolo
tu sai farmi sentire
la tua presenza discreta.
Per queste semplici cose
ti amo ancora di più.

Trentaseiesima

Amami, se puoi e se vuoi,
amami e non chiedere nulla di più
di quanto non saprei dirti
con parole semplici in risposta
a domande semplici: come stai?
che fai stasera? cosa hai mangiato?
andiamo al cinema? ti va di fare l'amore?
Odio la complessità ricercata
odio l'introspezione che viviseziona l'anima
odio le parole rotonde e levigate
gonfie d'aria e cattivi sentimenti.
Ho voglia di un pensiero semplice
che mi accompagni e mi sia di conforto
nei giorni in cui mi perdo
nel mare in tempesta dei mei umori.

Trentasettesima

Il tempo ci cade addosso
come pioggia incessante.
Ho fretta di amarti
prima che smetta.

Trentottesima

M'innamora
la tua fragilità apparente
che usi con abilità
come arma di seduzione.
Sto al tuo gioco
e faccio finta di crederti
ma sotto le tue unghie laccate
so che nascondi artigli affilati come coltelli.

Trentanovesima

In quale angolo recondito
ti sei nascosto cuore mio?
E da quanto non conosci il suono
della parola amore?
È trascorso il tempo lento
del rimpianto e del ricordo.
Niente ha potuto abbatterti
niente ti ha vinto.
Torna ad abitarmi.
Col tuo battito forte e pieno.
Col tuo ritmo scandito.

Quarantesima

Cerco tracce di te
per ogni dove
con caparbietà
con ostinazione
con accanimento.
Trovo, a volte,
indizi del tuo passaggio
deboli
inconsistenti
impercettibili.
Per ricomporti
non mi basterà una vita.

Quarantunesima

A cosa attribuire importanza?
Al rumore del dolore che non grida
all'amore che sboccia d'inverno
all'amicizia che non chiede
alla bellezza che si cela
ai sogni di chi vive nelle nuvole
alle profezie dei perdenti
alle lacrime di chi si vergogna
al sorriso dei bimbi
al sorriso di chi non ha denti
al sorriso di chi non ha pane
al sorriso di chi non ha speranza
al sorriso di chi sorride senza un perché
al tuo sorriso.

Quarantaduesima

Ti aspetto
all'incrocio dei giorni.
So che arriverai,
sai che ci sarò.
Con la faccia pulita
di un tempo
e la forza intatta
che sostiene il tuo sguardo.
Forse ci prenderemo
di nuovo per mano
come sposi novelli
sull'altare
nell'atto della promessa
ma senza giuramenti
né testimoni né preti.
E racconteremo di noi.
Di come eravamo,
di cosa siamo diventati
nel breve volgere
di un colpo d'ala
del tempo
che ci ha amato
per tutto questo tempo
e ci ha preservato
ma che ci ha indurito il cuore.

Quarantatreesima

Farò in modo
che tu possa respirare
solo aria
satura d'amore.

Quarantaquattresima

I nostri tentativi
di staccarci da terra e volare
fallivano tutti miseramente.
Qualcuno ci aveva convinto che l'amore,
se è amore puro,
ci avrebbe trasformati in angeli
incorporei e leggeri come piume.
E noi che ci amavamo di un amore puro,
sincero, assoluto, incontaminato,
abbiamo creduto che fosse possibile
e di tutto il resto ci importava davvero poco.
Ci hanno ingannato a metà:
eravamo angeli
ma dalle ali pesanti.

Quarantacinquesima

E' per te
che si compiono miracoli
in tutte le stagioni
e a ogni latitudine.
E' per te
che risuona ogni sera
l'eco di parole
grate per il dono.
E' per te
che rinasce
l'alba incontaminata
di giorni non rassegnati.
E' per te
che non hai merito alcuno
se non quello di esistere.
Resisti.

Quarantaseiesima

Ti porto sempre con me
come una serpe in seno.
Non temo il tuo morso velenoso,
non più, da quando ho scoperto
che non è mortale.
E' solo doloroso quel tanto che basta
per ricordarmi che ci sei stata
un tempo, ora non più
e ancora mi chiedo il perché.

Quarantasettesima

Vorrei dirti parole
che ti cullino nel sonno
Ayse cappuccio rosso (*)
figlia nostra
ma a che servirebbe?
Tu sei già nel tuo paradiso.

(*) Militante filo-curda morta il 29 maggio 2017 combattendo contro Daesh

Quarantottesima

Come dire di giorni anonimi
trascorsi nell'attesa
che qualcosa di nuovo accada
con la penosa sensazione
che la vita scorra altrove
e ti passi accanto sfiorandoti
e facendosi beffe di te?
Anni lontani e acerbi
che riaffiorano da un mare di ricordi
che a fatica riconosci come tuoi
ma che pur ti appartengono
non meno di quanto ti appartengano
i versi un po' infantili
che hai scritto a quindici anni
alla ragazza di cui eri innamorato
e che ancora ricordi a memoria.
Eppure a volte, inatteso, riaffiora
come un discorso sospeso
come un torto subito e mai dimenticato
come un fantasma dell'anima
il sentimento di un tempo
che ti è ostile e ti lascia in disparte
spettatore impotente di vita altra.

Quarantanovesima

Ti abbraccio forte
come di più non potrei
in questo giorno
che sa ancora di nebbia
e di voglia di stare in casa,
che smorza le parole
troppo forti e inopportune,
che rallenta i battiti del cuore
accordandoli col tempo
che rallenta...
Che sia un abbraccio lungo
quanto basta
che sia un abbraccio forte
da lasciare il segno
che sia un abbraccio d'amore.
In te abbraccio
l'eterno che si fa presente,
l'universo che ci è complice,
il sacro che sei e che sono.

Cinquantesima

A quando
vedersi fuori dal sogno
perfetti sconosciuti
macchine di vento
cieli in tempesta
sfiorarsi con la testa
volersi punto e basta
sfidarsi?
Non basta.
Per ritrovarsi
la terapia non basta
la sintonia non basta
la psichiatria non basta.
Non c'è alchimia.
Non c'è altra via
non c'è mai stata.
Non c'è termine di paragone
non c'è compensazione
non c'è equazione
che risolva il caso.
Pietà s'è persa
per strade sconosciute
avvolta dentro rotoli di parole
buttate lì a caso.

Il primo uomo sulla luna
guardava la madre terra
e cantava dentro il casco:
mamma, son tanto felice...

Indice

www.ingramcontent.com/pod-product-compliance
Ingram Content Group UK Ltd.
Pitfield, Milton Keynes, MK11 3LW, UK
UKHW020220250726
13967UKWH00001B/111

9 780244 739584